AF229097

DE LA NÉCESSITÉ

D'UN

GOUVERNEMENT

LETTRE A M. THIERS

Président de la République française

PARIS

E. LACHAUD, ÉDITEUR

4, PLACE DU THÉATRE-FRANÇAIS, 4

1873

DE LA NÉCESSITÉ

D'UN

GOUVERNEMENT

DE LA NÉCESSITÉ

D'UN

GOUVERNEMENT

LETTRE A M. THIERS

Président de la République française

PAR

ALBERT GAGNIÈRE

PARIS

E. LACHAUD, ÉDITEUR

4, PLACE DU THÉATRE-FRANÇAIS, 4

1873

DE LA NÉCESSITÉ

D'UN

GOUVERNEMENT

Monsieur le Président,

Dans les circonstances graves où se trouve le pays, personne n'a le droit de se désintéresser de la chose publique ni de se réclamer de son obscurité pour garder le silence, s'il croit avoir quelque vérité utile à dire. C'est ce qui explique et justifiera, je l'espère, la liberté que je prends de placer sous vos yeux les considérations qui vont suivre.

Les contemporains n'ont pas oublié cette discussion mémorable où, opposant votre politique à celle du pouvoir d'alors, vous déclariez hautement, aux applaudissements de la France, que vous ne déchireriez jamais votre programme, et que votre politique ne descendrait pas des hauteurs où vous l'aviez placée. Il leur semble encore vous entendre, quand vous disiez, empruntant une magnifique image de Schiller : « J'ai placé mon navire au haut du promontoire, et j'attendrai que les flots viennent le prendre, pour le lancer sur l'Océan. »

Il y a des souvenirs qui restent et auxquels le temps

donne, avec plus de relief, leur véritable signification. C'est qu'aussi il n'y avait pas là seulement un beau mouvement d'éloquence et un heureux souvenir d'imagination ; c'était le caractère de votre politique que vous indiquiez dans une formule originale et mettiez sous un brillant patronage. On y voyait en même temps un engagement pris avec l'avenir, des garanties et des espérances données à ceux qui croyaient à la Révolution et qui en souhaitaient le triomphe.

Le moment est venu de réaliser ces garanties et ces espérances ; il est temps de démarer enfin le navire. Le flot de l'opinion est monté jusqu'à vous. Quand on examine l'état des esprits, les préoccupations du présent, le doute n'est plus possible. Malgré beaucoup d'apparences contraires, malgré les passions surannées qui s'agitent autour de vous, et semblent travailler à vous donner le change sur le véritable état des choses, il est visible que la France veut aujourd'hui ce que portait votre navire ; elle veut que l'esprit de la Révolution ne reste pas lettre morte et qu'il passe enfin dans les institutions et les faits. Vous avez proclamé la République le Gouvernement légal ; il reste à faire le Gouvernement de la Révolution, en consolidant et en organisant la République.

Monsieur le Président, je ne prétends pas examiner toutes les questions qui sont enveloppées dans la situation et dans les vœux du pays. Je voudrais aller seulement au plus pressé, et dégager de la conscience publique ce qu'il y a de plus actuel, de plus impérieux, de plus urgent. Il n'est pas besoin d'interroger l'opinion par ses organes accrédités, ceux que la loi autorise ou tolère, il n'est pas nécessaire d'interroger le suffrage universel, pour savoir que le pays veut non pas un gouvernement d'un jour, une tente de passage, mais une demeure solide, un gouvernement durable, qui réponde à ses besoins permanents comme à ceux qui tiennent aux circonstances. Est-il nécessaire aussi d'ajouter qu'il attend la réalisation de ce qu'il désire de votre concours, sinon de votre initiative?

Vous avez toujours eu, Monsieur le Président, ce don merveilleux qui est la première qualité de l'homme politique, d'écouter et de suivre les indications de l'opinion publique. C'est par-là que vous avez une place à part dans le groupe de nos hommes d'Etat contemporains. Dès votre entrée dans la carrière, vous prenez en mains la cause de la Révolution et vous vous attachez à étudier les besoins du pays, à interroger sa voix dans les régions sociales où elle se fait entendre, à vous en faire l'écho docile et fidèle. C'est ainsi qu'avant 1830 et après la Révolution de Juillet vous avez exprimé la pensée publique dans la célèbre formule : « Le roi règne et ne gouverne pas », sachant bien que si la France n'était pas encore républicaine, elle ne voulait à aucun prix de ces gouvernements personnels dont elle avait fait, même sous la gloire, une si terrible expérience. C'est ainsi qu'en 1847 vous avez pensé qu'il fallait élargir le chemin du pays légal et fortifier, par l'accession des capacités, les assises du Gouvernement. C'est ainsi encore que sous l'Empire, saisissant le point précis où l'opinion, celle qui fut le plus longtemps aveuglée, commençait à revenir de son éblouissement, vous avez revendiqué « les libertés nécessaires ». C'est ainsi qu'en 1871 vous avez compris, au milieu de la confusion des idées, des craintes, des espérances nées de nos malheurs, qu'il n'y avait qu'un Gouvernement possible, celui de la République. C'est ainsi, enfin, que vous avez déclaré que la République est le Gouvernement légal du pays, et que vous n'avez pas hésité, tout récemment, à dire qu'il fallait donner à ce Gouvernement les organes nécessaires à son fonctionnement régulier, à son libre développement.

Vous serez jusqu'au bout fidèle à vous-même et vous travaillerez à donner à la France ce qu'elle demande, je veux dire un Gouvernement, non pas transitoire, comme les circonstances, mais définitif, qui soit en un mot un Gouvernement de principes, non d'expédients.

Je vous demande la permission d'insister sur ce point.

Vous avez reconnu, avec une loyauté qui sera un de vos titres de gloire, d'autant plus sérieux qu'il vous a fallu abdiquer d'anciennes convictions, vous avez reconnu, dis-je, que la République était le seul Gouvernement possible aujourd'hui. La France a pris acte de cette déclaration, où elle a retrouvé l'écho de sa propre pensée ; mais est-il bien certain que cette République, dont vous reconnaissez la nécessité et par conséquent la légitimité, puisse vivre avec l'Assemblée actuelle et recevoir d'elle les organes nécessaires à son existence, à sa durée? Il est permis d'en douter : et, si telle était votre pensée, nous n'hésiterions pas à dire, pour notre compte, que sur ce point elle est en désaccord avec celle du pays. Je ne veux pas rechercher si l'Assemblée sortie des élections de février 1871 a reçu ou non le mandat constituant : je me borne à prendre le fait tel qu'il existe, et je me demande si cette Assemblée est en état de répondre aux nécessités de la situation actuelle, si l'opinion la croit capable de nous donner un Gouvernement qui rassure le présent et garantisse l'avenir.

Telle est, en effet, Monsieur le Président, la question qui préoccupe tous les esprits. Le provisoire nous mine et nous tue. La France veut quelque chose de net, de formel, de définitif. Elle a confiance en votre patriotisme et en vos lumières; c'est vers vous qu'elle tourne ses regards ; mais elle se demande avec anxiété s'il n'est pas temps de fonder enfin un établissement politique qui s'inspire sérieusement et se pénètre, dans tout son organisme, de l'esprit de la Révolution, et si c'est avec le concours d'une majo-

rité imbue de l'esprit contraire qu'elle peut réaliser l'idéal
après lequel elle soupire depuis si longtemps.

Il importe, avant de passer outre, de bien fixer l'objet
de notre préoccupation, et le but vers lequel nous pré-
tendons diriger nos efforts. Il s'agit de démontrer — qu'il
faut donner un corps aux idées de la Révolution — que les
temps de la monarchie sont décidément passés — que,
dans cette majorité de l'Assemblée qui n'est pas la majorité
du pays, il est impossible de trouver les éléments d'un
Gouvernement, — et, enfin, que la raison répugne à
l'idée de demander à des hommes hostiles au principe
même de la République leur concours pour l'organiser.

Je rencontre ici, Monsieur le Président, une lettre
publiée par le *Progrès de Saône-et-Loire*, dans laquelle
M. Charles Rolland essaie d'expliquer le projet que vous
auriez de fixer le régime nouveau avec le concours de
l'Assemblée actuelle, malgré l'esprit monarchique qui y
domine. « M. Thiers a entrepris, dit l'honorable député,
de faire établir la République par les monarchistes de
cette Assemblée, et il n'est pas encore dit qu'il n'en vien-
dra pas à bout. Mais pourquoi, se demande-t-on, tient-il
à s'adjoindre de pareils collaborateurs ? Je vais tâcher de
vous donner de ce mystère l'explication que je crois entre-
voir..... Il se méfie, au delà du juste, du sens pratique
et de l'esprit gouvernemental du parti républicain..... Il
croit que pour enraciner *durablement* la République dans
notre sol, il faut faire aux préjugés des classes conservatrices des concessions même surabondantes, et il se
demande si l'Assemblée prochaine sera capable de ces
transactions politiques et de ces sacrifices du présent en
vue d'assurer l'avenir. Voilà pourquoi il tente encore en
ce moment d'amener la majorité monarchiste à jeter les
fondements de l'institution républicaine. »

Non ; que l'intention qui vous est prêtée par l'honorable
député de Saône-et-Loire, soit réelle ou non, ce tour de force

ne sera pas tenté. On ne lutte pas contre la logique et la raison des choses. On n'a jamais vu formuler, par un concile incrédule, la foi des croyants. Il aurait été plaisant de faire décréter par le concile de Trente le symbole de la Réforme.

I

Nous le savons, Monsieur le Président, — et du reste vous avez pris soin de nous le dire; — vous n'avez pas fait la République, vous ne l'avez pas même désirée ; vous avez cru longtemps que la monarchie constitutionnelle, libérale, — car c'est une justice à vous rendre, vous avez toujours professé le plus profond mépris pour la dictature militaire ou autre—, était le Gouvernement le mieux adapté à nos besoins, sinon à nos habitudes et à nos mœurs; mais vous avez cru aussi que, si les classes à qui cette forme de gouvernement donne l'influence et le pouvoir, n'étaient pas assez intelligentes pour avoir foi dans la liberté, pour écouter la voix de l'opinion et se prêter à tous ses mouvements, la République viendrait périodiquement les surpendre, et vous auriez dit un jour que, si les classes dirigeantes ne savaient pas être une monarchie intelligente, fidèle à la Révolution de 89 dans ce qu'elle a de vrai et d'impérissable, si elles ne passaient pas la Manche sans pensée de retour, la France passerait l'Atlantique.

Non, vous n'avez jamais émis plus grande vérité, Monsieur le Président ; votre prophétie s'est accomplie et ce qui vous fait plus d'honneur peut-être encore que cette clairvoyance, c'est que vous avez reconnu que le moment de traverser l'Atlantique était venu, et, qu'en outre, vous avez eu le courage de dire à ces gens qui ne nous avaient ni cru ni compris : « Oui, puisque vous n'avez pas su vous arrêter en Angleterre quand cela était possible, il faut voguer à pleines voiles au delà, vers l'Amérique. » Et vous auriez pu ajouter : « Croyez-le bien, si vous êtes sages, vous n'aurez pas à vous plaindre du voyage ».

Mais il faut jeter nos regards en arrière et rappeler avec vous que les conditions qui rendaient la monarchie possible dans notre pays, ont à jamais disparu.

Ce point est le premier qu'il s'agit d'établir.

Nous avons cru avoir deux occasions de fonder en France le Gouvernement constitutionnel. En 1815 et en 1830, les hommes éclairés, dans les classes diverses de la nation, ont essayé d'édifier chez nous la monarchie sur le modèle présenté par Montesquieu et de bâtir Byzance là où elle devait s'élever. Or, deux fois la tentative a échoué.

Bis cecidere manus.....

Vous connaissez mieux que personne les causes qui ont empêché le succès ; vous les avez surprises sur le fait. Il faut cependant en rappeler quelques-unes.

Pour qu'une monarchie constitutionnelle ait des chances de fondation et de durée, quelles conditions s'imposent aux esprits sérieux qui cherchent le rapport des causes aux effets et qui ne veulent pas que les Gouvernements soient des tentes mobiles dressées uniquement pour le sommeil d'une génération ?

Il faut d'abord que les classes conservatrices aient un *credo* politique et social, qu'elles s'accordent par exemple sur certains principes généraux, faciles à formuler, et qui se résument en deux mots, à savoir : la confiance dans la libre discussion, et la pratique de ce que vous avez appelé si heureusement *les libertés nécessaires.*

Il faut ensuite qu'il n'y ait pas sur le marché plusieurs monarchies à vendre et à acheter.

Il ne faut pas que les classes dites conservatrices soient partagées sur le choix des dynasties. Un poëte d'esprit et d'aimable souvenance, Alfred de Musset, nous a raconté l'histoire de l'homme placé entre deux maitresses, allant de l'une à l'autre, et incertain entre les deux. On ne crée rien dans ces situations équivoques. Il n'y a de mariage sérieux et fécond que dans une seule pensée et un seul amour. La France a compris enfin cette vérité : elle a rompu avec les honteuses promiscuités et elle s'arrête à un mariage de raison, où elle espère trouver la sécurité, la dignité et ce laborieux repos auquel elle a le droit de prétendre.

Il faut encore qu'il n'y ait pas contre la dynastie que le cours des événements a pu porter au pouvoir, des préventions, fondées ou non, des préjugés, légitimes ou non, dans la masse de la nation ; qu'il n'y ait pas, si la Société se divise en trois classes ou catégories de citoyens, un prétendant pour chacune d'elles, un prétendant toujours aux aguets, à l'affût des événements, toujours disponible, tout prêt à offrir ses services et à provoquer des occasions d se dire utile ou nécessaire.

Il faut, au moins, quand ces conditions indispensables ne sont pas réunies, qu'il y soit suppléé par l'octroi d'un grand prince, assez puissant pour s'emparer de toutes les forces vives de la Société, pour s'imposer aux classes conservatrices par sa sagesse et aux autres par son prestige — prestige de génie ou de gloire. L'histoire prouve aussi qu'il doit être assez clairvoyant pour démêler les véritables besoins de son temps, ou assez sensé et assez modeste pour se laisser guider par des ministres intelligents, dévoués à la chose publique. Il faut enfin qu'il sache lui-même subordonner sa volonté à celle du pays et la respecter, alors même qu'elle s'égare, tout en s'efforçant de la ramener et de l'éclairer.

La France se trouve-t-elle dans de telles conditions? Non. Avons-nous une seule dynastie aspirant au Gouvernement de nos destinées? Les prétendants disponibles qui nous offrent si généreusement leurs services, ont-ils quelque chose qui ressemble au génie ou à la gloire?

Est-ce que les quatorze siècles noués autour de la tête du comte de Chambord et qui, comme l'écrivait Châteaubriand, lui formaient le plus beau des diadèmes, ont aujourd'hui le prestige que l'auteur des Martyrs trouvait dans son imagination, non dans sa propre conscience et dans sa raison?

Est-ce que le génie a quelque chose à démêler avec ces revendications financières que les d'Orléans sont venus jeter au milieu de nos désastres? La gloire a-t-elle quelque chose de commun avec cet étrange usage du droit d'aubaine exercé après le naufrage de la patrie?

Quant à la troisième dynastie, il lui serait difficile de transformer en lauriers les cyprès de Sedan, comme on le fit naguère de ceux de Waterloo. Il y a plus, ici il faut (pour employer le mot du Dante) passer vite et ne pas regarder.

Jetons les yeux autour de nous; interrogeons les contrées dans lesquelles la monarchie constitutionnelle vit ou essaie de vivre; voyons l'Angleterre, la Belgique, l'Espagne, l'Italie.

En Angleterre, il y a sans doute des intérêts divergents, des sentiments opposés parmi les Whigs et les Torys, mais nous y trouvons partout, dans les couches sociales les plus opposées, la conscience d'un intérêt commun, une conviction universelle, qui est le respect de la liberté de la personne et de la pensée. Nous y trouvons de plus, non-seulement une dynastie unique, mais le respect et l'amour de la dynastie acceptée ; nous y trouvons, enfin, un esprit politique large et profond, qui comprend que le Gouvernement des sociétés appartient à l'intelligence, qui ouvre la carrière aux grandes capacités, qui leur permet d'arriver au pouvoir et de se passer de grands monarques.

Si nous ne rencontrons pas en Belgique ni en Italie des conditions aussi favorables qu'en Angleterre, là, du moins, il n'y a pas plusieurs prétendants en présence, et nous y voyons avec le respect de la liberté, un mouvement continu vers cet idéal des libertés nécessaires que vous avez, je le répète, si heureusement indiqué et formulé.

Et pourquoi donc l'Espagne se débat-elle dans sa tentative, glorieusement difficile, de fondation du Gouvernement constitutionnel ? C'est parce que les deux conditions essentielles lui manquent, à savoir : l'attachement universel à une seule dynastie et la conscience de la nécessité de l'inviolabilité des grandes libertés qui sont le patrimoine commun, le principe de vie et de progrès des nations civilisées.

C'est une dérision de voir les efforts que font en ce moment les chefs des partis monarchiques pour relever sur notre sol un édifice si souvent renversé. Quoi qu'ils fassent, ils rappellent les petits enfants qui veulent construire et fixer des châteaux de cartes et entassent les matériaux sans se soucier des lois de l'équilibre, les violentant, lorsqu'ils résistent à leur caprice.

Il ne s'agit pas, en effet, de se faire illusion, ni de voir dans notre histoire ce qui n'y est pas. Il ne s'agit pas d'y placer les visées de notre imagination, ni d'inventer à plaisir des arguments pour nos théories. L'histoire prouve que les classes conservatrices en France n'ont jamais eu le sentiment vrai des conditions d'équilibre de ce Gouvernement constitutionnel qu'elles veulent ressusciter. Elles n'ont jamais suivi les hommes d'élite, les esprits supérieurs qui les leur ont montrées, qui ont voulu les leur enseigner. Est-ce à Royer-Collard, à Benjamin Constant et à vous-même, Monsieur le Président, c'est-à-dire à ceux qui ont approfondi les lois du Gouvernement parlementaire, qu'elles ont confié le soin de leurs destinées? Ont-elles jamais apprécié à sa valeur votre formule si nette et si précise, que je rappelais tout à l'heure et qui, en laissant libre accès à la pensée publique, nous aurait économisé tant de révolutions?

Il est toujours vrai de dire qu'ils n'ont rien appris ni rien oublié. Les Légitimistes d'abord, puis après les Orléanistes, par une fatalité de notre histoire, que leur éducation entretient et perpétue, en sont encore aujourd'hui aux préjugés, aux préventions, aux ignorances de leurs ancêtres. Bâcon disait que l'avantage du droit d'aînesse en Angleterre, c'est que grâce à lui il n'y avait qu'un sot par famille. Faudrait-il appliquer le mot à la grande famille sociale en France, et dire que la capacité politique des classes est en raison inverse de leur élévation?

Ils en sont aux rudiments de la science politique et sociale; ils ne s'entendent pas même sur la nécessité d'un symbole unique et, chose digne de pitié, *leur principe commun* aujourd'hui, celui autour duquel ils entretiennent une agitation si bruyante, c'est tout simplement cette responsabilité ministérielle qui, jusqu'à présent, ne fut jamais qu'un jeu entre leurs mains, et dont ils n'ont jamais compris la signification. Tout l'effort de leur génie s'élève jusqu'à réduire à un ressort unique cette machine si compliquée, à s'imaginer qu'il suffit à l'homme d'une seule de ses jambes pour marcher!

Personne n'ignore que dans une partie notable de l'Assemblée Nationale, où l'on balbutie les mots de Gouvernement constitutionnel, où l'on a la prétention de l'établir et de le formuler, on ne s'entend pas même sur sa légitimité et l'on n'est pas du tout assuré de son efficacité. Il y a plus, ce n'est pas calomnier la droite, cette région qui personnifie l'ancienne aristocratie française et une partie des classes moyennes, que de dire qu'elle penche vers ce préjugé, que la monarchie absolue est l'idéal des gouvernements, préjugé qu'elle a puisé dans ses écoles, et qui s'est formulé dans un acte, un document célèbre, le Syllabus !

Il est temps d'en finir avec cette question de la monarchie et de couper l'arbre dans ses racines.

Je ne dirai pas que c'en est fait de la monarchie, dès qu'on la discute ; car, à ce compte, il n'y aurait jamais eu de monarchie stable ; il n'y aurait pas même de gouvernements possibles, puisqu'ils sont tous discutés, tantôt par des conspirations souterraines, s'ils sont despotiques, tantôt par la liberté de la parole publique ou privée, s'ils ont quelque chose des gouvernements libres. Non, il serait téméraire de dire qu'il faut renoncer à la monarchie par cela seul que sa légitimité est mise en question et ébranlée dans la conscience des hommes, bien que cela seul soit déjà un symptôme dangereux. Mais, lorsque le doute est répandu, qu'il s'étend et se fortifie chaque jour, qu'il s'accroît par la multiplicité des monarchies rivales, par l'antagonisme des prétendants, que les partisans de la monarchie ne s'entendent ni sur les noms, ni sur les principes, ni sur le symbole politique ou social, il est permis de croire que les jours de cette forme de gouvernement sont définitivement comptés. Et puis, quand on se rappelle que, dans une période de temps facile à mesurer, on a vu les diverses monarchies qui prétendent à la stabilité, tomber, se relever, pour retomber encore, d'une chute chaque fois plus profonde, et entraîner la nation dans leur chute ; quand on a vu cette nation se relever toute seule en réunissant toutes ses forces, triompher des plus grandes difficultés et se convaincre ainsi, par l'expérience même de son effort, qu'elle peut se passer de protecteur ou de sauveur, n'est-on pas arrivé à la démonstration même de

2

l'inutilité, pour ne pas dire des dangers de la monarchie et à cette conviction qu'il faut abriter la société sous une autre égide ?

A quoi bon insister, Monsieur le Président, sur ce point ? La démonstration est faite. Vous l'avez achevée par votre conversion, et un de vos titres de gloire sera d'avoir aidé, dans une question aussi décisive, aux progrès de la raison publique.

En résumé, pour faire une monarchie, nous avons trop de prétendants et nous n'avons pas assez de sujets disposés à accepter un maître. Nous n'avons ni un souverain, ni un peuple, et ce qui tranche absolument la question, c'est que, si la France croit aux hommes, elle ne croit plus aux dynasties.

Quand un peuple en est arrivé là, il n'a plus que le choix entre la dictature ou la République : il lui faut un César ou un Washington.

II

Maintenant, Monsieur le Président, je veux presser plus vivement la question, et je demande si ces hommes qui ont la prétention de former un gouvernement libre, régulier, ont en eux-mêmes, et trouvent autour d'eux assez de ressources pour réunir et combiner les éléments d'un gouvernement quelconque.

L'histoire des Assemblées n'offre pas dans ses annales de phénomène plus étrange que celui de l'Assemblée sortie des élections de Février.

Il n'en est pas dont les actes aient été si peu en rapport avec les intentions et qui se soit laissé entraîner aussi loin de ce qu'elle désirait. Car enfin, que voulait-elle ? la monarchie, et elle a été forcée d'accepter la République.

Il n'en est pas qui ait été moins à la hauteur, je ne dis pas du mandat qu'elle avait reçu, mais de la tâche qu'elle prétend aujourd'hui accomplir. Après la capitulation de Paris, et au lendemain des élections, la France, tombée dans l'abîme, était sans constitution, sans organisation politique, sans gouvernement. On comprend assurément que, dans une pareille situation, ses représentants, ceux à qui elle avait donné une mission spéciale, eussent l'idée de ne pas se renfermer dans les limites de cette mission, de relever « la noble blessée » et de lui donner en quelque sorte de nouvelles conditions de force et de vitalité. Mais cette prétention était-elle légitime? La majorité avait-elle dans ses traditions, dans ses principes, dans son tempérament ce qui était nécessaire pour justifier le rôle qu'elle voulait jouer?

Dès les premiers jours de son intronisation à Bordeaux, vous aviez indiqué à la majorité, toute novice en politique et tout apeurée encore du naufrage, la tâche qu'elle avait à remplir. Deux idées (les conditions de paix exceptées) dominaient dans les préoccupations de l'Assemblée : celle de la réorganisation du pays et celle de la constitution de son Gouvernement; et ces idées, c'est vous qui les aviez dégagées et formulées. Les esprits impatients, rebelles à l'idée de la République —je ne parle que de ceux-là — pensaient qu'il fallait placer sur le même plan l'idée de la réorganisation et celle de la Constitution. Vous n'étiez pas de cet avis. Vous dites qu'il fallait avant tout relever les courages abattus, réunir les forces dispersées, faire disparaître les ruines, et qu'il ne conviendrait de reconstruire qu'après ce premier travail accompli. Dans votre pensée, il fallait ajourner la question de la forme du Gouvernement jusqu'au jour où vous auriez réorganisé les services publics, qui sont, dans une grande société, les rouages de la machine. Il était, en effet, plus urgent de rendre au corps social ses organes essentiels que de lui donner un nom, et, pour ainsi dire, de lui chercher un parrain et de le faire baptiser.

Cette politique de patience et d'attermoiement vous était imposée par le tempérament équivoque, par l'esprit de division et d'anarchie intellectuelle de la majorité. Avec votre instinct d'homme d'État, vous avez compris que si la République était dans la conscience réfléchie du pays, elle n'était pas dans la pensée confuse de la majorité, et qu'il fallait tenir compte de l'insuffisance des hommes et des préjugés dominants.

Quelle monarchie, d'ailleurs, aurait réuni la majorité des suffrages? Quel nom aurait concilié tant de passions diverses? Quel drapeau aurait rallié tant de volontés divergentes? Il ne vous échappait pas non plus que si le passé pèse sur le présent, le présent, non moins lourd, non moins accablant, fait aussi plier sous le poids de ses nécessités les affections, les préjugés les plus opiniâtres. Cette fatalité de l'histoire, dont on vous a si souvent reproché d'avoir été le panégyriste dans vos livres, quand vous n'en étiez que l'interprète, cette fatalité, qui courbe sous sa main de fer les têtes les plus superbes et pousse les Assemblées, comme les hommes, à tant de folies, condamnait, cette fois, une Assemblée composée d'éléments dépourvus de toute raison, à être sage, à demeurer sur le terrain qui divise le moins, à faire enfin de nécessité vertu.

Ç'a été, en somme, une heureuse inspiration que celle du pacte de Bordeaux, inspiration dont les conséquences devaient échapper à ces Épiménides de l'ancien régime, réveillés en sursaut par les coups de tonnerre de nos malheurs, et que la France effarée vous donnait pour collaborateurs. Ils s'imaginaient, dans leur naïveté héréditaire, que la trêve des partis était le triomphe de leur parti respectif et qu'ils exploiteraient, au profit de la Monarchie, les fautes ou les faiblesses qu'ils espéraient faire commettre à la République et à son chef provisoire.

Maintenant l'esprit qui les enchaînait à la sagesse, sans leur donner alors la faculté de comprendre, leur donne-t-elle la force d'agir et de trouver en eux-mêmes les éléments et les conditions d'un Gouvernement?

Non, la preuve de leur impuissance actuelle se montrera dans les considérations que nous allons esquisser. La majorité qui, sous vos auspices, sut ajourner ses prétentions monarchiques et constituantes, peut--elle le faire ncore aujourd'hui? Peut-elle se renfermer dans le provi-

soire et le prolonger indéfiniment? Nul esprit sérieux ne
le pensera. Si elle le faisait, ce serait contre votre politique, car vous avez dit récemment et dans votre Message
et dans vos discours, soit à l'Assemblée, soit devant la
Commission des Trente, que la période du provisoire était
close et que le pays demandaït impérieusement le définitif, ou tout au moins quelque chose de définitif, et vous
avez laissé vos amis formuler des propositions constitution-
nelles. Or, la majorité est placée dans cette alternative, qui
lui est imposée par la force des choses et le caractère des
événements, ou de chercher le définitif provisoire qui est
la dictature, ou le véritable définitif qui est la République.

La question qui se présente est donc celle-ci : l'Assemblée actuelle peut-elle fonder la dictature? ou bien peut-
elle fonder la République?

Je pose nettement l'alternative et je défie, s'il est vrai
que nous ayons démontré l'impossibilité de la monarchie
constitutionnelle, que l'on puisse introduire dans notre
argumentation un troisième terme.

Examinons successivement ces deux questions.

L'Assemblée, dans un jour de légitime colère, à Bordeaux, proclama la déchéance de l'Empire, et parut dès lors
vouloir rompre avec toute idée de despotisme ou de dictature, ce qui prouve, pour le dire en passant, que le malheur
est bon à quelque chose. Les temps ont changé, à ce qu'il
semble du moins : l'esprit ancien ou plutôt l'esprit oligar-
chique qui avait su s'accommoder de l'Empire, s'est retrouvé
et nous avons entendu prononcer, dans un rapport trop
fameux, des mots sinistres, qui permettent de croire que
la doctrine de la dictature n'est pas encore entièrement
abandonnée. Que veut dire, en effet, ce Gouvernement de
combat que M. Batbie a imaginé, si ce n'est un appel à
la dictature, et qu'est-ce qu'un César ou un Bonaparte
aurait trouvé de mieux? Oui, cela est triste à dire, dans

l'impossibilité où l'on est de fonder une monarchie constitutionnelle, on ne recule pas devant la perspective d'une dictature nouvelle et d'une mainmise violente sur la Société.

Il n'y a pas à se le dissimuler, les arrière-pensée sont désormais impossibles; le fond des consciences est percé à jour : on ira à toutes les extrémités plutôt qu'à la République.

Nous le voulons bien ; dans l'état d'antagonisme que les circonstances ont créé parmi nous, l'on comprend que les partis aveuglés par les passions, les préjugés et cette philosophie commode de la souveraineté du but qui met le privilége sous le patronage hypocrite de l'intérêt public, se complaisent encore dans les vieux procédés de Gouvernement et rêvent un César pour arrêter les progrès si funestes, suivant eux, de la démocratie et de la Révolution ; mais, nous le demandons à ces politiques de rencontre, où est le dictateur, où est le César qu'ils pourraient mettre à la tête de leur Gouvernement de combat? Sont-ils bien sûrs que la France et l'armée les suivraient dans cette voie? Sont-ils bien certains eux-mêmes de posséder la vigueur de complexion suffisante pour se mettre en lutte violente avec la démocratie, en un mot, d'avoir le tempérament de leurs passions?

J'admets cependant — car il ne faut décourager personne —, qu'ils puissent être aussi méchants qu'ils voudraient l'être ; j'admets que les bonnets à poil aient derrière eux une armée de conspirateurs qui ne soient pas des conspirateurs d'opéra-comique. Où trouveront-ils une tête et un bras pour l'accomplissement de leur projet?

Sera-ce chez le comte de Chambord ou le duc d'Aumale ? Mais peut-on se figurer, sans rire, l'arrière-petit-fils de Louis XIV entrant au Parlement un fouet à la main? ou l'un des fils du roi-citoyen sabrant les Républicains sur les marches de l'Assemblée ?

Sera-ce chez le général Changarnier ou le héros de Sedan? Mais si l'un est ridicule, l'autre est odieux.

Sera-ce enfin chez le maréchal Mac-Mahon? Ils n'oseraient faire l'injure au capitaine honnête homme d'espérer trouver en lui le chef ou l'auxiliaire de leur Gouvernement de combat.

Quant à vous, Monsieur le Président, malgré tout leur aveuglement, toute leur infatuation, ils n'ont pu songer, un seul instant, à faire de vous un instrument. Ils savent que votre choix est fait de vieille date. Si vous avez pu être ébloui, un jour, par le prestige du héros d'Arcole et de Rivoli, si vous avez compris le dix-huit Brumaire, vous ne l'avez jamais approuvé. Vous avez rappelé, il est vrai, pour excuser l'erreur de nos pères, le mot du rival de Démosthène :« Que serait-ce si nous avions vu le monstre lui-même » ? Mais l'éblouissement de votre imagination n'a jamais eu pour effet d'émousser votre conscience, de vous faire amnistier la violation de la loi ni de vous aveugler sur ses déplorables conséquences.

III.

Il a été démontré que la monarchie constitutionnelle était impossible en France, que les conditions essentielles de sa fondation et de sa durée manquaient absolument. Je viens d'indiquer quelques-unes des raisons qui font de la dictature une véritable chimère. Il n'y a pas à parler du stathoudérat, du principat : ce ne sont là que des expédients, des formes transitoires, plus ou moins éloignées de la dictature, et toutes les objections qu'on peut faire contre celles-ci se retournent contre celles-là. Il ne s'agit donc plus que de savoir si la majorité actuelle, qui est impuissante à faire la monarchie constitutionnelle et la dictature, sous quelque forme que ce soit, est capable de faire la République.

Il n'y a que trois formes de Gouvernement, dans quelque hypothèse que l'on se place, que l'on veuille fonder une œuvre durable ou que l'on cherche tout simplement des expédients. Il n'y a que la dictature, la monarchie constitutionnelle ou la République.

La majorité peut-elle, en supposant qu'elle le voulût, établir une dictature? Non. Peut-elle fonder une monarchie représentative ? Non. Nous l'avons démontré. Peut-elle fonder une République ? Non. Nous allons le démontrer.

Il est deux classes d'esprits politiques. Il en est qui se transforment et progressent continuellement ; il en est d'autres qui ne peuvent rien apprendre ni rien oublier. Les premiers savent regarder et écouter autour d'eux ; ils distendent et élargissent le moule où ils ont été jetés, ils s'assouplissent et se dilatent avec la vie ; rien de ce qui se passe auprès d'eux et autour d'eux ne leur reste étranger ; l'expérience est pour eux une école permanente, un perpétuel enseignement. Chez les seconds, la matière reste figée, pour ainsi dire, dans le moule où elle a été jetée. Rien ne fait, rien n'agit ni sur leur fond, ni sur leur dehors ; ils appartiennent à ce monde des choses où manque le principe de la transformation et du progrès.

L'histoire dira que les élus de Février se trouvent dans cette seconde catégorie. Ils sont venus avec une tradition fixe et immobile, avec des préjugés invétérés, avec des passions héréditaires, dont ils n'ont pas su secouer l'influence, passions fatales que Coblentz et la terreur blanche de 1815 ont marquées en traits honteux ou sanglants dans notre histoire. Semblables à ces fanatiques Hindous dont l'œil est perpétuellement fixé sur eux-mêmes, ils ne s'aperçoivent ni du mouvement, ni de la durée : leur pensée ne franchit jamais l'étroit horizon où elle s'est enfermée. Les événements se précipitent ; les idées des hommes changent et se transforment ; les besoins se succèdent, se multiplient à l'infini ; les moyens de Gouvernement se déplacent : leur œil reste toujours fixé sur le point immobile où il s'est d'abord porté. Quand une révolution éclate à leurs côtés, quand un grand changement social, politique, intellectuel ou moral s'annonce, ils s'imaginent que c'est une déviation aux lois de la nature qui se produit. Pour eux le comble de la sagesse consiste à ne pas s'en préoccuper, ou à l'étouffer au plus vite.

Deux grands faits se sont produits dans la Révolution française : elle a émancipé les esprits et cru à la liberté ; elle a dit aux hommes : « Votre raison est juste et votre volonté est droite. La société fondée sur l'ignorance et le privilége est à vau-l'eau ; une société nouvelle doit placer son assiette sur la raison publique et le droit de tous. » Ces deux idées se sont successivement réalisées, l'une par le Code civil, qui a créé l'Egalité sociale, et l'autre par le Suffrage universel, qui a créé l'Egalité politique. Tout cela a passé inaperçu. Est-ce que les deux idées fondamentales de la Révolution, nous les rencontrons dans la majorité de l'Assemblée nationale? Est-ce que, au contraire, elle n'est pas épouvantée en quelque sorte de l'idée que l'homme est capable de vérité et de liberté? Est-ce qu'elle n'est pas toute disposée, — au moins l'extrême droite — à regretter « l'heureuse innocence des brutes » et à s'imaginer que la nation française ne peut marcher sans lisières? Si nous voulions aller au fond des choses et toucher le tuf, il n'y aurait pas témérité à penser que nous y trouverions l'esprit de la cour de Rome et cette orgueilleuse prétention de croire qu'elle a le monopole de la raison, de la vérité et de la justice.

Vous avez l'esprit trop philosophique, trop pénétrant pour ne pas voir que c'est là l'arrière-fond de la pensée des hommes avec lesquels vous êtes obligé de gouverner, avec lesquels et sur lesquels vous avez à opérer pour le bien du pays. Il n'est donc pas besoin de vous demander si la Révolution française peut trouver, parmi de tels hommes, les instruments du Gouvernement qu'elle demande pour le fonctionnement et le développement de sa destinée.

Une des idées fondamentales de la Révolution, c'est que la souveraineté est inaliénable, et ne se délègue que temporairement, c'est-à-dire que les pouvoirs publics sortent tous de la volonté nationale, que la volonté est mobile,

comme les besoins et les intérêts, comme la vie elle-même
de la société ; en d'autres termes, quand on scrute la pensée intime de la Révolution, on trouve que la loi suprême,
dans l'ordre politique, c'est le renouvellement périodique
et à bref délai des pouvoirs, des organes de la volonté géné-
rale ; en un mot, que la République est la forme nécessaire de la Révolution. Or, personne n'ignore que les
hommes de la droite sont loin d'être pénétrés de cette
doctrine. La droite ne croit pas, d'une part, à la puissance
de la raison humaine ; et d'autre part, elle s'imagine trop
souvent que le suffrage universel est une mauvaise chose
qu'il serait bon de corriger. Aujourd'hui, parmi nous,
le principe de l'autorité est entièrement déplacé ; l'on ne
croit ni aux dynasties, ni aux supériorités tradition-
nelles ; c'est à l'élection seule que l'on confère le droit de
commander et le pouvoir de se faire obéir. C'est là,
encore une fois, le grand fait politique qui ressort de
tous les événements accomplis, qu'il faut savoir comprendre, et avec lequel il faut que tout le monde se résigne
à vivre. La droite ne veut pas le comprendre et ne sait
pas s'y résigner.

Il ne vous a pas fallu à vous, Monsieur le Président,
un grand effort sur vous-même pour reconnaître la vérité
de ce fait et pour le rattacher à son principe, qui est, que
la raison finissait toujours par avoir raison, et qu'il fallait
avoir confiance dans l'esprit de tous pour le bien de tous.
Malheureusement, la majorité n'a pas été jetée dans
le moule élastique de votre puissante personnalité ; elle
en est encore à croire à l'impuissance de la raison, à l'in-
délébile imperfection des volontés. Il lui faut un maître
non pas seulement pour la société, mais pour elle-même.
Superbe et humble tout à la fois, elle veut commander et
obéir. Elle demande pour la société une verge de fer, dût-
elle se courber elle-même sous ses coups, et, si elle ne la
trouve pas toute faite, elle croit que la suprême sagesse

consiste à la forger de ses propres mains. C'est toujours la vieille doctrine des aristocraties en décadence ! *Omnia serviliter pro dominatione......* Les Gouvernements de combat sont les derniers expédients des oligarchies aux abois. Les Syllas sont les précurseurs des Césars et leurs complices, parfois involontaires.

Je le sais, si la pensée de la Révolution est bien celle que je viens d'indiquer, et si l'idée de la Révolution est bien l'idée même de la France, on peut se demander comment il se fait que cette majorité, qui est sortie du vote libre du pays, soit si peu en harmonie avec elle.

Cette question a son importance et je ne prétends pas l'éluder.

Il y a des heures dans la vie des nations, comme dans celle des individus, où la raison est muette et la voix de la conscience paralysée, où l'instinct de conservation seul se fait entendre. Au mois de février 1871, la France, accablée sous le poids de malheurs inouïs, avait perdu le sentiment d'elle-même, de ses aspirations politiques et sociales, tout entière aux maux qui venaient de la frapper, et à ceux qui pouvaient l'atteindre encore. C'est sous cette impression qu'elle choisit ses représentants. Elle ne se demanda point si la Révolution était en cause, si elle avait à fonder un Gouvernement favorable ou hostile aux grandes conquêtes de cette Révolution. Elle ne vit que l'intérêt présent, et c'est sous l'empire de cette préoccupation exclusive qu'elle alla au scrutin. Disons cependant à son honneur deux choses : d'abord, que, dans le choix multiple qu'elle fit de votre personne, elle crut voir une sauvegarde pour ces conquêtes elles-mêmes, et en second lieu, que c'est dans les régions où son indépendance avait été entamée, qu'elle nomma les hommes les plus dévoués aux idées d'indépendance et de liberté. C'est par là que nous nous réhabilitons aux yeux de l'étranger, et que nous nous réhabiliterons devant l'histoire. La France, accablée sous le poids de ses malheurs, n'a abaissé ni le drapeau de sa Révolution ni celui de son indépendance.

Vous vous rappelez, Monsieur le Président, la vieille comédie, toujours nouvelle. Dans un moment de dépit, l'amoureux dépêche à la femme aimée son valet pour lui dire qu'il ne l'aime plus et qu'il ne la reverra de sa vie ; puis, le lendemain, le vent a tourné, la raison est revenue ; le valet est renvoyé bien vite supplier de ne pas croire un mot de ce qu'il a dit la veille et de consentir à se laisser de nouveau adorer.

Les députés nommés aux élections de 1871 se sont imaginés de jouer le rôle du valet de la comédie ; mais le valet a été infidèle, il a interprété, sans en avoir été chargé, les sentiments du maître, et le maître le lui a bien fait voir. Est-ce que les élections successives qui ont eu lieu, depuis le 2 juillet 1871 jusqu'au 14 octobre 1872 n'ont pas leur signification? Tout le monde y a vu le témoignage éclatant d'un amour constant et fidèle à la Révolution et à sa forme adéquate, essentielle, qui est la République. Aussi n'est-ce pas trop présumer que de dire que le valet sera cassé aux gages et qu'il est plus que temps de le remplacer. Il n'est pas bon que les serviteurs interprètent la pensée du maître et substituent leurs calculs et leurs intérêts à ses sentiments vrais et à ses amours. N'y eût-il pas d'autre argument en faveur de la dissolution, qu'il suffirait pour la motiver : elle s'impose comme un acte de bonne foi, d'honnêteté autant que de raison et de politique,

IV.

Nous entrons dans un autre ordre de considérations.

Nous avons dit que la France veut un Gouvernement ; que le Gouvernement qu'elle désire, ce n'est ni la monarchie constitutionnelle ni la dictature, parce que la première n'a pas sa raison d'être dans le tempérament du pays, et parce que la seconde n'a pas sa raison non plus dans le tempérament de la majorité. Nous avons ajouté qu'il n'y a qu'une forme de Gouvernement qui soit possible, et que c'était la République. Je voudrais me demander, maintenant, quelles conditions doivent être réunies pour que le Gouvernement puisse durer ; car la France est lasse de révolutions ; elle est fatiguée de ces naufrages multipliés. Elle veut rentrer dans le port et se reposer de ses longues agitations.

La question qui se présente à nous, est donc de savoir ce qu'il convient le mieux de faire pour que le Gouvernement que la France désire ait les meilleures chances de durée ; car, enfin, je ne veux pas cesser de le répéter, nous ne voulons pas d'un Gouvernement d'expédients, nous voulons un Gouvernement de principes. Nous ne voulons pas dresser une tente de passage, nous voulons une habitation stable, permanente, définitive.

Est-ce l'Assemblée actuelle, même gouvernée par

vous, Monsieur le Président, qui pourrait donner à la France ce définitif après lequel elle soupire depuis si longtemps ?

Plus d'une fois, vous avez dit que les Gouvernements trouvaient leur légitimité moins dans leur origine que dans leur conduite. Il ne s'agit pas d'examiner en ce moment ce qu'il y a de vrai ou de plausible dans cette théorie, qui peut se justifier quand on se place exclusivement sur le terrain des faits et après que les Gouvernements sont établis, mais qui est fort discutable quand il s'agit de les établir. Au moment où les hommes politiques se préoccupent des fondations, ce n'est pas évidemment, (il est presque puéril de le dire) aux services rendus qu'ils peuvent songer, mais aux services à rendre, et par conséquent la question d'origine devient la première de toutes. Qui oserait dire que l'autorité des fondateurs d'une constitution fût absolument indifférente au point de vue des chances de sa durée et qu'il fût absolument égal qu'une République soit fondée par des républicains ou par des monarchistes, par des hommes en qui le pays espère, ou par des hommes dont il se défie ?

Assurément non, c'est une question de bon sens autant que de politique. Les peuples n'obéissent qu'à ceux dans lesquels ils ont confiance, et ils n'ont confiance que dans ceux dont ils reconnaissent la supériorité, qui ont à leurs yeux le prestige de l'autorité.

L'Assemblée actuelle — et par l'Assemblée j'entends la majorité — remplit-elle cette condition, qui est essentielle ? Où la majorité aurait-elle puisé l'autorité morale qui pourrait faire accepter son œuvre et lui donner quelques garanties de durée ? Est-ce dans l'excellence de ses principes ? Dans la conformité de sa pensée avec celle du pays ? Dans l'unité de ses aspirations et de ses vues ? Est-ce dans l'indépendance et la vigueur de ses convictions ou dans son esprit de conduite ?

Poser ces questions, c'est les résoudre toutes contre l'autorité morale de l'Assemblée.

Ses principes, soit religieux, soit sociaux, soit politiques, sont marqués au coin du passé, et il a semblé à la France. quand elle a vu et entendu la plupart des élus de Février, qu'elle avait devant elle une Assemblée de revenants et pour ainsi dire de fantômes. Il lui a paru que ces élus ne faisaient que répéter les voix du passé et rééditer des pages usées d'un livre qu'on ne comprenait plus. Que dis-je ? Elle n'a pas même rencontré en eux cet instinct de conservation qui, dans un péril commun, groupe les hommes autour du même moyen de salut.

Tout le monde se rappelle cet article d'un journaliste, homme d'esprit, qui se raillait du cénacle des homogènes ; jamais ironie plus sanglante ni plus méritée n'a été lancée à l'adresse d'un parti politique. Où est la croyance commune de cette majorité qui a la prétention impertinente de vouloir s'imposer à notre pays ? Ils ne s'entendent ni sur les hommes ni sur les choses. Les uns veulent le parlementarisme, les autres la dictature. D'autres la monarchie entourée d'institutions républicaines, d'autres la monarchie sans institutions ou avec le vain simulacre de celles que l'on trouve dans le musée du césarisme. Les uns vont chercher leur inspiration dominante à Rome et à Frodhsdorff, les autres à Chilshurst, d'autres dans la charte de 1830, amoindrie et émasculée. Bande de croisés de toute provenance qui ne peuvent s'entendre sur la couleur de la croix, et qui, s'ils parvenaient jamais à délivrer le Saint-Sépulcre, se battraient sur la terre sacrée pour s'en partager les dépouilles.

Ne parlons pas de la vigueur du tempérament moral de la majorité, ni de son esprit de conduite. Elle a des convictions monarchiques et elle se résigne à ne pas faire la monarchie. Elle vous hait, Monsieur le Président, elle voudrait vous renverser et elle subit votre domination. Il y a plus, elle se soumet et elle se courbe sous le poids de vos sarcasmes et de vos dédains. Qui ne se rappelle que quelques jours avant la défaite de la Commune, la voyant impatiente et agitée, vous l'invitiez à attendre, lui promettant que dans quelques jours elle pourrait prendre, si cela lui convenait, les rênes du pouvoir, et qu'elle aurait alors une tâche à la hauteur de son courage et de sa capacité?

Il serait permis d'invoquer, aussi contre l'autorité morale de l'Assemblée, le mandat limité qui a été imposé à son origine, car il est bien évident qu'il y a dans l'opinion une prévention, — pour me servir du mot le plus modéré — contre sa prétention de devenir constituante.

Il serait permis de se dire encore, avec Royer-Collard, « que la force de l'élection décroît naturellement à mesure qu'elle s'éloigne de son origine, les intérêts ou du moins les opinions qui les interprètent pouvant avoir changé, que la force de l'élection diminue d'autant plus que le mandat reste dans le vague et l'indéterminé. »

Je passe ces considérations

Il suffit de constater d'abord que, dans les villes et même dans les campagnes, comme le prouvent les diverses élections qui ont eu lieu depuis le 2 juillet 1871, la confiance du corps électoral a abandonné la majorité, devenue de jour en jour plus impopulaire, et enfin que l'opinion s'est éloignée d'elle, la jugeant incapable de rien comprendre aux besoins de notre temps, et de résoudre les grands problèmes politiques et sociaux dont nous revendiquons la solution, pour se persuader que vous ne sauriez jamais, avec de tels collaborateurs, faire œuvre durable, digne de la France et de vous.

Il resterait, il est vrai, cette échappatoire, que la collaboration de l'Assemblée ne serait qu'illusoire et que la constitution nouvelle serait l'œuvre de M. Thiers, approuvée et ratifiée par la majorité.

Personne ne rend plus justice que moi à votre haute expérience, à la sagacité de vos vues; assurément, si le génie d'un homme suffisait à une pareille tâche, c'est à vous qu'il faudrait la déléguer. Mais je dois oublier que Berryer disait de vous : « M. Thiers est l'homme de France qui a le plus d'esprit », pour me souvenir que le 24 juillet 1821, M. de Talleyrand disait : « Il y a quelqu'un qui a plus d'esprit que Voltaire, plus d'esprit que Bonaparte, plus d'esprit que chacun des directeurs, que chacun des ministres passés, présents et à venir : c'est tout le monde. » Et pourquoi opposons-nous une autorité que vous ne contestez pas, au projet que l'on vous prête ? C'est que, votre œuvre fût-elle parfaite en sortant de votre cerveau, elle n'aurait pas seulement contre elle l'objection du péché originel de n'être pas l'œuvre de tout le monde, mais encore l'énorme inconvénient d'avoir passé sous les fourches caudines d'une majorité qui ne la comprendrait pas, d'avoir été jetée sur un lit de Procuste et de n'en être sortie qu'amoindrie et mutilée.

On dira peut-être que vous n'avez pas la prétention de faire une constitution à longue portée, qu'il vous suffit de satisfaire aux besoins du présent et de parer aux circonstances, que nous sommes dans un temps et dans un pays où la sagesse doit se résigner à vivre au jour le jour, et est condamné à ne pas se préoccuper du lendemain. Non, et ce n'est pas vous qui pouvez vous contenter de ce rôle modeste et subordonné. Certes il n'est permis à personne de prétendre à la gloire de fonder pour l'éternité; mais les hommes politiques qui ont la conscience de leur valeur, ne doivent pas non plus se renfermer dans l'étroit horizon du présent et se refuser les longues perspectives. Du reste, la question doit et peut se simplifier. Ce n'est pas toujours la valeur même des constitutions qui en fait la durée : c'est l'opinion qu'on en a, c'est la foi qu'elles inspirent.

Ces considérations ne sont pas les seules qui méritent attention.

N'est-il pas à craindre, par exemple, qu'une organisation, même inspirée par vous, ne rencontrât, dans les successeurs de l'Assemblée actuelle, des contradicteurs, et que son œuvre ne subît le sort de celle dont vous avez raconté la naissance et la mort, dans votre grande histoire de la Révolution française? Il serait difficile de croire que votre œuvre adoptée par une Assemblée nommée *ad hoc*, ne parût pas plus sacrée et plus inviolable que celle qui aurait été acceptée et élaborée par une Assemblée dont le mandat et l'autorité sont contestés. Oui, il y a avantage à faire la constitution du pays par des mandataires choisis à cet effet; cela nous paraît incontestable, et ce n'est qu'à cette condition que nous pouvons avoir quelque chance de garantir et d'assurer non la perpétuité, qui n'est pas dans les choses humaines, mais la vertu et l'autorité, qui ne se trouvent que dans un mandat spécial et récemment déterminé.

Quel inconvénient, d'ailleurs, y aurait-il à convoquer une Assemblée nouvelle et à consulter le pays sur la forme de gouvernement et sur l'organisation qu'il lui paraîtrait préférable de donner aux pouvoirs publics ? Quel inconvénient y aurait-il à la dissolution, soit que nous considérions l'élaboration de la charte nouvelle, ou que nous nous placions au point de vue du personnel à qui la France déléguerait ses pouvoirs avec le mandat spécial de lui donner une constitution ?

Deux objections, que l'on croit considérables, se présentent à certains esprits contre l'éventualité d'un prochain renouvellement, renouvellement intégral, bien entendu, de l'Assemblée nationale. L'on dit d'une part qu'il n'est pas bon de livrer la France à la fièvre électorale quand l'étranger occupe encore une partie de notre territoire. On dit aussi que c'est livrer sa destinée à l'inconnu, et, comme parlent nos adversaires, au radicalisme, à ses exagérations et à ses chimères.

J'écarte la première objection qui n'est, en vérité, qu'une vaine parole. Quant à la seconde, la France, c'est une justice qu'il est impossible de ne pas lui rendre, a toujours fait ses élections dans le calme et l'ordre le plus parfait. La première épreuve même du suffrage universel immédiatement après la Révolution de Février, a présenté le spectacle le plus pacifique et en quelque sorte le plus édifiant. Vingt ans plus tard, sous l'excitation des passions les plus ardentes et les plus légitimes, en 1869 et en 1870, dans la crise si aiguë du plébiscite, dans quelle bourgade, dans quelle grande ville y a-t-il eu un fait sérieux de trouble et de désordre? Quand la France se rassemble dans ses comices, c'est moins l'agitation qu'il faut craindre, que l'inertie et l'indifférence.

Quand donc comprendrons-nous aussi que la condition même de l'existence des peuples libres, c'est cette agitation des esprits que l'on redoute et dont on veut nous faire en ce moment un épouvantail? Non, ce que nous avons vu aux élections complémentaires du 2 juillet 1871, ce que nous avons vu aux élections des Conseils généraux au mois d'octobre suivant et à toutes les élections partielles qui sont survenues depuis, se reproduira aux élections générales que nous demandons. Nous aurons le spectacle de l'agitation salutaire inséparable d'une épreuve décisive pour les destinées du pays. Nous espérons du moins que les électeurs comprenant l'importance du vote auquel ils sont appelés, ne voteront pas plus dans le silence que dans les ténèbres, qu'ils sauront user de la liberté de parole, de réunion, de mouvement qui est nécessaire à l'exercice de la souveraineté. Sans doute, nous assisterons à une grande agitation publique, mais, encore une fois, il faut que nos adversaires en prennent leur parti, la France est une démocratie dont le flot monte sans cesse, et il faut s'accoutumer au bruit de la marée dont la voix grandit à mesure qu'elle approche du rivage.

On vous prête une parole qui n'a pas dû tomber de votre bouche. Vous auriez dit qu'une des raisons qui vous faisait préférer l'Assemblée actuelle, pour élaborer les lois organiques dont vous avez besoin, à celle qui lui succéderait, c'est que vous aimez mieux le connu que l'inconnu. Je le répète, cette parole n'a pas été prononcée. Car s'il était vrai que vous eussiez exprimé une pareille idée, cela voudrait dire que vous vous défiez de l'opinion et que vous voulez faire une œuvre contraire à ce qu'elle demande. Or, une telle idée n'est pas seulement en opposition avec l'esprit de tous les Gouvernements libres, elle l'est aussi avec tout ce que vous avez dit et fait depuis que vous êtes entré dans la vie publique.

S'il est quelque chose qui vous distingue des hommes d'État qui ont possédé le pouvoir depuis quarante ans, c'est le soin scrupuleux avec lequel vous vous êtes attaché à prêter l'oreille aux bruits de l'opinion et à en suivre toutes les inspirations. Et quand je parle de l'opinion, je n'entends pas le souffle de la passion du jour, mais l'écho des besoins du moment, qui répond à un fait général, à une aspiration réfléchie, qui est une résultante et non pas une surprise. Vous avez su résister, après 1830, à nos coreligionnaires politiques, parce que, dans votre conviction, la France n'était pas encore mûre pour la République; mais vous aviez su comprendre aussi, en 1847, qu'elle était mûre pour la réforme, et vous aviez conseillé au pouvoir de s'y prêter, voulant épargner à la France une révolution. C'est ce même esprit d'observation intelligente et attentive qui vous incline aujourd'hui vers la République et vous en fait proclamer la nécessité.

C'est qu'en effet la République est dans les entrailles et dans le cœur du pays; or, comme vous avez ausculté, pour ainsi dire, ce grand fait, et que vous avez la conviction qu'il existe, comment auriez-vous pu dire qu'il vaut mieux l'organiser par les mains d'une Assemblée monarchique, capable, par conséquent, de le trahir, que par une Assemblée chargée spécialement de le traduire ? Ce serait rompre en visière avec tous vos antécédents autant qu'avec vos principes.

Les ennemis de la République essaient de faire un épouvantail du résultat des dernières élections ; leurs journaux ne laissent pas s'écouler un jour sans crier que le radicalisme déborde et que si les élections nouvelles se faisaient au milieu de ce débordement, le navire serait infailliblement exposé à se briser contre les écueils, et ils ont la puérile prétention de jeter le trouble dans votre esprit et de vous faire craindre pour le succès de la République conservatrice, c'est-à-dire pour le maintien des grands principes sociaux dans l'État républicain. Quoi ! il vous aurait échappé que ce qu'ils poursuivent sous le nom de radicalisme, c'est la démocratie ! Il vous aurait échappé que la société française, dans ses profondeurs, est essentiellement conservatrice et que les principes fondamentaux de toute société civilisée sont en France, plus que partout ailleurs, à l'abri des agitations de la surface ! Il vous aurait échappé que cette démocratie aspire à se donner une forme politique adaptée à son esprit, mais essentiellement conservatrice ! Car quelle plus grande garantie pour les intérêts mêmes qui se prétendent menacés, que la conformité de la forme du Gouvernement avec les aspirations politiques du pays ?

La vérité est que rien de tout cela n'est ignoré de vous ; vous avez mis à néant tous ces lieux communs de procédure politique, en disant que la France n'était pas si révolutionnaire qu'on voulait le dire ; et, dès lors, il n'y a plus là que de vaines terreurs indignes d'arrêter un homme d'État et de l'empêcher de marcher vers son but. Vous connaissez trop bien la valeur des mots inventés par l'esprit de parti, forgés comme des armes de guerre, pour ne pas savoir que ces termes de Conversateurs et de Révolutionnaires ne sont que les formules mêmes de l'ancien et du nouveau régime. Le fait est qu'il n'y a que deux partis en France depuis quatre-vingts ans, celui de la Révolution et celui de la Contre-Révolution ; il n'y a que deux formes de Gouvernement en présence, la République, qui est le Gouvernement de la Révolution, et la Monarchie, qui est celui de la Contre-Révolution. L'antagonisme de la Monarchie et de la République, qu'on le sache bien, était déjà en germe dans le grand mouvement de 89, et si la corrélation nécessaire qui existe entre la Révolution et la République, est restée comme à l'état latent après le grand éclat de la Convention, elle s'est enfin dégagée et se manifeste aujourd'hui à tous les yeux.

C'est là le résultat le plus élevé, le plus significatif des événements qui ont rempli notre histoire depuis quatre-vingts ans. Aveugle qui ne le voit pas ! Il faut donc enfin faire justice de toutes ces vaines dénominations ; il n'y a pas deux Républiques en France, l'une radicale et l'autre conservatrice. Il n'y a qu'une République. Qui sait si, dans un avenir prochain, les chefs de l'une et de l'autre n'uniront pas leurs bonnes volontés et leurs efforts ?

Je n'écris pas ces lignes, Monsieur le Président, pour faire votre panégyrique, mais j'observe les faits, je les constate ; j'étudie l'état de l'opinion, et je m'attache à en démêler les sentiments. Pour quiconque se placera dans le rôle d'observateur impartial sinon désintéressé, il est facile de voir que le pays se persuade avoir reçu de vous des services signalés. Il vous tient compte des efforts que vous avez faits pour hâter la libération du territoire et réprimer les prétentions des monarchistes. Il n'oubliera pas le double succès que vous avez obtenu dans cette double tentative, et ceux-là mêmes qui ont

pensé que vous n'avez pas assez présumé d'abord du
tempérament moral du pays dans la période de la dé-
fense, que vous avez trop accordé ou insuffisamment
résisté aux passions, aux rancunes et aux préjugés de la
majorité, sont obligés de reconnaître que votre présence
au pouvoir a été un bienfait. Les élections prochaines
en porteront témoignage, et plus elles seront prochaines,
plus le témoignage en sera éclatant. Si la distinction
entre la République conservatrice et la République radicale n'était pas une fiction, j'oserais dire que ce qui
sortira des élections prochaines, ce serait plutôt l'élément
conservateur que l'élément radical.

Quel inconvénient y a-t-il donc, encore une fois, au
point de vue de l'ordre et de ce que l'on appelle les intérêts conservateurs, à résister à la pression de l'opinion
publique, à la voix du souverain réel, vivant, au corps
électoral, qui réclame sans cesse, toutes les fois qu'il est
consulté, un Gouvernement républicain, c'est-à-dire un
Gouvernement ? Est-ce l'agitation que l'on craint ? Nous
avons démontré par l'histoire que cette crainte est chi-
mérique. Est-ce l'occupation ? L'objection est ici telle-
ment puérile, qu'elle est inintelligible. Est-ce l'esprit de
désordre et d'anarchie ? Mais quelle plus grande anarchie que celle dont l'Assemblée nationale donne le spectacle, et qui a été si bien qualifiée, dans la remarquable
séance du 14 décembre, par l'éloquent député du Rhône,
Monsieur Le Royer, lorsqu'il disait en s'adressant à la
Droite : « Oui, vous êtes majorité contre la République ;
mais, quand vous êtes majorité, vous ne pouvez plus
vous entendre » ? Quel désordre plus dangereux que celui
qui règne parmi les esprits politiques contre lesquels vous
avez à lutter chaque jour, qui n'ont ni principes fixes ni
vues gouvernementales arrêtées, qui ne s'entendent ni sur
les conditions de l'ordre ni sur celles de la liberté, qui ne
s'accordent enfin ni sur les hommes ni sur les choses ?

V.

Permettez-moi, en finissant, Monsieur le Président, de présenter encore quelques considérations dont je trouve le principe et l'inspiration épars dans vos ouvrages, et qui ont leur opportunité.

Les sociétés vivent d'ordre et de liberté : c'est pour cela qu'il leur faut des Gouvernements, les Gouvernements n'ayant pas d'autre mission que celle d'être les protecteurs de l'ordre et de la liberté. C'est pour cela aussi qu'il leur faut des Gouvernements qui aient en eux-mêmes les conditions de l'ordre et de la liberté. Car, comment pourraient-ils donner ce qu'on leur demande s'ils ne le possédaient pas? Comment pourraient-ils assurer à la société ces deux grands biens sans lesquels son existence est précaire, agitée, quand eux-mêmes n'ont qu'une existence précaire et agitée, et qu'ils n'offrent dans les attributions du pouvoir que confusion et anarchie?

Le problème qui se pose devant nous, c'est de savoir si la fortune nous accordera, dans l'abîme de nos malheurs, la chance heureuse de trouver un Gouvernement qui nous garantisse ces deux grands biens nécessaires à toutes les associations humaines et dont la France éprouve, plus que toutes les autres, l'impérieux besoin, malgré les alternatives si souvent répétées de despotisme et d'anarchie qui marquent son histoire depuis plus de quatre-vingts ans, ou plutôt à cause de ces alternatives mêmes. Ce n'est pas d'aujourd'hui que ce grand problème est posé, il est au fond de toutes nos révolutions ; c'est sa solution que notre pays cherche à travers toutes ses agitatons ; mais peut-être ne s'est il jamais imposé à ses réflexions avec une insistance plus impérieuse. En dehors de cette catégorie d'esprits bornés qui font leurs théories avec leurs passions, et leurs systèmes avec les intérêts de chaque jour, il n'y a pas une classe, une couche sociale en France, qui ne sente le besoin de clore l'ère des révolutions et qui n'ait la ferme conviction que c'est par la liberté politique, par la volonté de tous appliquée aux intérêts de tous, par la pratique intelligente et sincère de la souveraineté nationale, que l'on peut parvenir à ce grand résultat. C'est là, en effet, la condition de ces deux grands biens que nous poursuivons sans cesse, l'ordre et la liberté. Or, comment peut-on espérer faire sortir un Gouvernement d'ordre et de liberté du sein d'une majorité qui va chercher les conditions de l'ordre dans les principes auxquels notre société ne croit plus, et qui a si peu le sentiment de la liberté, qu'elle ne comprend la possibilité de gouverner que par des lois d'exception et de privilége, et qu'elle considère comme un danger, comme une monstruosité, la première de toutes, la liberté de la conscience et de la pensée !

Assez longtemps la France a essayé des Gouvernements qui se défient de la liberté, et alors même qu'elle a tenté de vivre sous un régime libre avec les principes de sa grande Révolution, elle n'a jamais su avoir en eux pleine et entière confiance. C'est là, on peut le supposer, la cause première de ses agitations et de ses malheurs. Pourquoi n'essaierait-elle pas une bonne fois d'une politique différente ? Pourquoi n'adopterait-elle pas enfin des institutions faites sur les grands principes qui ont inspiré nos pères, c'est-à-dire la forme rigoureuse, adéquate du Gouvernement du pays par le pays, qui est la République.

Personne ne peut mettre en doute que vous n'ayez tenté de faire entrer la France dans cet ordre d'idées, et ce n'est pas là le moindre service que vous lui avez rendu. Vous avez, autant qu'il a dépendu de vous, neutralisé le mauvais génie de la majorité ; vous avez prouvé au pays, à la masse aveuglée par d'anciennes préventions que l'ordre était compatible avec la République, c'est-à-dire que le pays était assez sage pour se gouverner, même au milieu des plus redoutables épreuves. Vous lui avez enfin appris à se recueillir, à se reconnaître, et, dans la lutte si prudente que vous avez engagée contre l'esprit éactionnaire de la majorité, il a pu voir dans quel camp étaient ses véritables ennemis. Vous avez, en un mot, gouverné aussi bien qu'on peut le faire quand il n'y a pas de Gouvernement.

Mais cet état de choses ne peut durer, et vous l'avez si bien compris que vous essayez de sortir enfin de cette situation irrégulière, anormale, que vous voulez mettre fin à ce provisoire et le remplacer par quelque chose de formel et de défini.

Dans les circonstances où nous sommes, il n'y a que deux politiques possibles : le maintien du *statu quo* ou la dissolution. Mais qui ne sent les dangers de la première politique, dans l'intérêt de la paix intérieure et de notre dignité au dehors? Que devient la sécurité si nécessaire à tous les intérêts au milieu de ces crises périodiques, dont nous avons donné récemment encore le scandale, et dont le retour est inévitable, si les causes qui les ont produites, ne sont écartées? Est-ce bien par le spectacle de cette anarchie continuelle, de cette impossibilité de formuler et d'asseoir un gouvernement que nous pouvons nous réhabiliter aux yeux de l'Europe et trouver quelques compensations à nos revers?

Quelle objection sérieuse peut-on faire, encore une fois, à la politique de la dissolution? L'Assemblée actuelle représente-t-elle la pensée du pays? Les pouvoirs vivent-ils dans cette harmonie de principes et de vues qui est une des conditions de tout gouvernement? Ne voyons-nous pas chaque jour la majorité elle-même se déjuger, se désagréger, sa pensée flotter incertaine et déplacer à chaque instant l'axe du Gouvernement? Et si dans de telles conditions on est obligé de conclure qu'il faut de toute nécessité arrêter et définir les pouvoirs publics, n'est-il pas raisonnable d'en confier le soin à une Assemblée pourvue d'une autorité morale moins contestée, capable d'avoir une politique et une méthode, et qui nous permette d'espérer quelque homogénité dans les hommes comme dans les principes? Enfin, s'il est vrai, comme vous l'avez dit, que le seul gouvernement possible aujourd'hui soit le gouvernement républicain, c'est la logique elle-même qui veut que le Gouvernement définitif républicain soit fait par une Chambre républicaine et non par une Chambre monarchique.

Vous disiez le 9 juin 1871 : « Quant à moi, je suis convaincu que si on voulait précipiter les solutions, on jetterait la France dans la guerre civile, guerre civile immédiate, terrible. » Oui, cela était vrai alors, et c'est pour cela que les républicains n'ont pas essayé de précipiter les solutions ; ils ont fait preuve d'une grande patience et d'une longanimité admirable, malgré la politique de répression à outrance qu'il vous a fallu plus d'une fois subir, malgré l'état de siége, malgré l'esprit réactionnaire de l'Administration et notre éloignement systématique des fonctions publiques. Oh ! Il ne faut pas les louer de leur sagesse, pour le concours qu'ils vous ont si souvent donné; car, en dernière analyse, vous avez les mêmes ennemis. Les républicains n'auraient voulu à aucun prix exposer le pays à de nouveaux déchirements, à de nouvelles convulsions. Mais grâce à leur sagesse, et à la vôtre, les mêmes périls ne sont plus à craindre aujourd'hui, ou, s'il existe des périls, c'est uniquement dans l'anarchie que nous avons si souvent signalée, dans les conflits qui en sortent à tout instant, dans les difficultés auxquelles l'esprit de réaction livre perpétuellement votre Gouvernement, et il dépend de vous de les conjurer et de les faire disparaître.

Quoi qu'il en soit, Monsieur le Président, vous aurez occupé une grande place dans notre histoire. Vous avez été le premier à répandre et à populariser les idées et les faits de notre grande Révolution. Vous l'avez suivie dans ses principales vicissitudes, et vous avez montré comment elle s'était mise à la suite d'un conquérant et avait été exploitée contre elle-même. Vous avez écrit l'histoire de ce conquérant en signalant, à côté de sa gloire, ses folies et leurs terribles conséquences. Historien, orateur, ministre, homme d'Etat, vous vous êtes toujours attaché à vous appuyer sur les principes de 89, tâchant de discerner les véritables nécessités du temps et le vœu réfléchi des hommes éclairés, persuadé que « ce qui est proclamé bon et utile par tous les hommes éclairés d'un pays, sans variation pendant une suite d'années diversement remplies, est une nécessité du temps ». C'est là l'inspiration permanente de votre carrière; ce qui lui donne de l'unité, c'est votre attachement à la même cause, à la cause véritablement nationale, qui est celle de la Révolution française. C'est par là aussi que vous avez soulevé des haines et acquis des sympathies. Pourquoi rencontrez-vous tant d'animosité dans la majorité de l'Assemblée et tant d'appui, à l'occasion, dans le parti qui lui est

opposé ? c'est parce que des deux côtés on vous considère comme le défenseur de la Révolution.

On a répété bien souvent que la destinée vous avait
désigné au rôle et à la gloire de Washington. J'ose dire qu'un
rôle plus glorieux encore peut vous appartenir. Le héros de
l'Amérique a conquis l'indépendance de son pays et fondé
un gouvernement libre sur une terre neuve, préparée
par le protestantisme au culte et à l'établissement de la
liberté. Il est aujourd'hui une tâche plus haute et plus
difficile à remplir. Il s'agit de savoir si la France, que le
grand enfantement de 89 avait placée à la tête de la civi-
lisation européenne, par la proclamation des immuables
vérités de la politique et du droit, doit aspirer à descen-
dre et renoncer au brillant avenir qu'elle pouvait à bon
droit espérer.

La lutte est toujours entre l'ancien monde et le nouveau,
entre l'émancipation ou la servitude de la raison. Depuis
89 et même avant, avec Voltaire, Montesquieu, Rousseau,
la France avait pris en quelque sorte le gouvernement de
la raison et elle s'était donné la mission de l'organiser,
d'élever un monument qui pût servir de modèle aux autres
nations. Faut-il que nous abdiquions cette gloire et que
le sceptre de la pensée comme celui des armes passe en
d'autres mains ? L'Allemagne a compris que ce qui avait
fait la supériorité morale de la France, c'était l'indépendance de ses idées, le prestige qu'elle empruntait à son
amour de la vérité, et, pour le dire en un mot, à son
antagonisme et à sa lutte contre l'esprit ultramontain.
Au fond de tous nos débats, que trouvez-vous en réalité?
l'esprit catholique et l'esprit de la Révolution française.
La République ne rencontre tant d'adversaires que parce
que l'on sait qu'il y a dans la vertu de son principe des
causes certaines de ruine pour les préjugés, les idées, les
institutions d'un autre âge.

Il dépend de vous de couronner votre carrière par un

dernier effort et un dernier combat livré dans l'intérêt de la cause que vous avez toujours suivie, en dépit de quelques défaillances inévitables dans une longue vie, la cause de la raison et de la liberté.